CATALOGUE

D'UNE COLLECTION

D'ESTAMPES

Anciennes

PARMI LESQUELLES ON REMARQUE L'ŒUVRE DE

SÉBASTIEN LECLERC

EN 3,072 PIÈCES

Pièces historiques, Scènes de Mœurs, Topographie sur Paris,
Vues de Villes, Monuments et Châteaux de France;

DESSINS ANCIENS

DE TOUTES LES ÉCOLES; D'ARCHITECTURE & D'ORNEMENTATION

Provenant du Cabinet d'un Amateur de Province

DONT LA VENTE AUX ENCHÈRES PUBLIQUES AURA LIEU

HOTEL DES COMMISSAIRES-PRISEURS

Rue Drouot, n° 5

SALLE N° 6, AU 1er ÉTAGE

Les Lundi 2 et Mardi 3 Mai 1864

A UNE HEURE 1/2 PRÉCISE.

Me DELBERGUE-CORMONT, Commissaire-Priseur,
rue de Provence, 8,

Assisté de M. CLEMENT, M^d d'Estampes de la Bibliothèque
impériale, rue des Saints-Pères, 3,

CHEZ LESQUELS SE DISTRIBUE LE PRÉSENT CATALOGUE.

EXPOSITION PUBLIQUE

Le DIMANCHE 1er Mai 1864, de 1 heure à 4 heures.

—

1864

ORDRE DES VACATIONS

CONDITIONS DE LA VENTE

Elle sera faite au comptant.

Les Acquéreurs paieront, en sus des adjudications, CINQ pour CENT applicables aux frais.

L'Expert aura la faculté de diviser les lots.

ESTAMPES DIVERSES

1 **Audran** (G.). Sujets de l'Ancien-Testament, d'ap. le Dominiquin ; Bas-reliefs, d'ap. Lafage. 14 p.

2 **Bargas** (F.). Scènes et danses flamandes. 8 p.

3 **Bartolozzi.** Fac-similés de dessins, d'ap. le Guerchin. 20 p.

4 **Bella** (Della). Le Reposoir. J. 84. Très-belle ép. du 1er état, avant l'adresse de *Wersterhout*.

5 — Divers exercices de cavalerie. Suite de 19 p. 86. Belles ép.

6 — Perspective du Pont-Neuf. 112. Très-belle ép. du 1er état avant la girouette sur le clocher de Saint-Germain-l'Auxerrois. Rare.

7 — La même estampe. Belle épr. avec grandes marges.

8 — Les Cinq morts, dans des ovales. J. 137. 5 p. Très-belles ép.

8 bis — Plan du siége d'Arras, par le cardinal de Richelieu ; 197. Très-belle ép. Rare.—Une épreuve pareille à celle-ci ; mais dont la partie supérieure était détachée, a été vendue, le 7 mars dernier, 190 fr., plus le cinq pour cent.

9 — Diverses intentions de cartouches. Suite de douze pièces ; Il manque le n° 3. Belles ép.

10 — Différentes études de têtes, yeux, mains et costumes. 40 p.

11 — Saintes Familles ; saint Jean ; Ports de mer ; les Quatre saisons ; Ruines romaines ; Frises, etc. 54 p.

12 **Berghem** (N.). La Vache qui s'abreuve (B. 1). Très-belle ép. du 2ᵉ état avec l'adresse de *N. Visscher*, qui a été remplacée par celle de *Schenck.*

13 — Les quatre cahiers d'animaux (B. 29 à 56). 26 p.

14 **Bianchi**, Les douze apôtres, d'après Raphaël. Belles ép.

15 **Binck** (J.). Petit portrait de François Iᵉʳ, roi de France. Belle ép., rare.

16 **Bolswert** (S.-A.). Un Concert, d'ap. J. Jordaens; le Retour de la chasse, d'ap. Rubens. 2 p. Belles ép.

16-bis **Bordone** (D'ap. Pâris). Portrait de Violante, fille de Palma Vecchio, par Cipriani.

16-ter **Boscolo** (L.). La Vierge et l'Enfant Jésus, d'ap. Jean Bellin. Belle ép. d'artiste. Autre composition d'après le même peintre par Zoppellari. 2 p.

17 **Bosse** (A.). Chapelle de l'Oratoire de l'âme chrétienne. G. D. 215. Belle ép. avec l'adresse de *Leblond.*

18 — La Déroute et confusion des jansénistes. Belle épr.

19 — L'Imprimeur. Belle ép.

20 — Jodelet, comédien. Belle ép. avec l'adresse de Leblond.

21 — Un capitaine espagnol. Belle ép. avec l'adresse de Leblond.

22 — La Réduction de la ville de Mantoue à son Prince, pour la paix faite en Italie.

23 — Le Courtisan ; le Goût ; les Cris de Paris ; la Vieillesse, par Huart. 15 p.

24 **Bossi** (B.). Raccolta di Teste, Pensieri e prove varie d'acqua forte. Première suite de 40 p.

Raccolta di disegni originali di Francesco Mazzola detto il Parmigianino tolti dal gabinetto di sua Excellenza il signor Alessandro Sanvitale. Deuxième suite de 30 p., un titre et la dédicace. En tout 72 p.

25 **Boulanger**. La Mise au tombeau, d'ap. Séb. Bourdon ; têtes du Christ et de la Vierge, etc. 8 p.

26 **Bourdon** (S.). Les OEuvres de miséricorde. Suite de sept estampes. Belles ép. du 1er état, avant l'adresse du graveur.

27 **Séb. Bourdon, P. Testa, Subleyras** et **Loir**. Saintes-Familles ; l'Enfant prodigue ; la Madeleine aux pieds du Christ. 6 p. Belles ép.

28 **Burgmair** (Hans). Le Palefrenier endormi. Pièce gravée sur bois.

29 **Canaletti**. Vues de Venise. 4 grandes pièces.

30 **Cars** (L.). Sujets mythologiques, d'après Lemoine, etc. 12 p.

31 **Castiglione**, dit le **Benedette**. Sujets religieux et de la fable. 10 p. Belles ép.

32 — Têtes d'hommes. 20 p. Belles ép.

33 **Choffard** (P.). Petits culs-de-lampes. 12 p.

34 **Coclemans**. Sujets religieux, d'ap. le Parmésan, André del Sarte, le Guerchin, etc. 9 p.

35 **De Longueil**. Concert méchanique, inventé par R. Richard, exposé à la bibliothèque du roi en 1760, d'ap. Eisen. Première état avec un lustre au milieu du dais et une flamme sur la tête de l'Amour debout sur le clavecin. Belle épreuve avec toutes marges.

36 — Le même sujet. Épreuve sans le lustre.

36 bis **Depalmeus**. Ballet des Muses, allégorie pour les menus plaisirs du roi Louis XV.

37 **Duflos** et **B. Picart**. Compositions gracieuses, attributs des arts, par Jeaurat; vignettes par Chodowiecki. 35 p.

38 **Edelinck** (G.): Le Bénédicité et la Madeleine, d'ap. Ch. Lebrun; la Famille Cornaro, d'ap. le Titien; Deux Saintes Familles, d'ap. Stella. 5 p.

39 **Ecole allemande**. La Fuite en Egypte, par le comte Goudt; toilette de Vénus, par Van Audenart; la Justice, par Strange, etc. 15 p.

40 **Ecole française**. Le Donneur de sérénade, d'ap. Greuze; vignettes, par Chéron et Chauveau; plafonds, d'après Mignard, etc. 37 p.

41 — Sujets, par Dorigny, Mellan, Cheron, Rousselet et autres 32 p.

42 **Ecole italienne**. Sujets religieux, d'après C. Maratte, Dominiquin; le Calvaire, par Ant. Tampesta, etc. 26 p.

43 — Compositions, d'après Lesueur, Coypel, S. Vouet, etc. 23 p.

44 — Sujets gracieux, d'ap. Boucher, Watteau, etc. 20 p.

45 **Ertinger** (F.). Sujets de l'Ancien et Nouveau-
Testament, et de l'Histoire romaine, d'ap. Lafage
13 p.

46 **Fessard**. L'Adoration des bergers, d'ap. Séb.
Bourdon. Belle ép. avant la lettre.

47 **Franck** (J.). Dessin du grand ostensoir, très-
riche en pierres précieuses, conservé à Berlin;
gravé en deux feuilles.

48 **Gessener** (S.). Paysages. Suite de 8 estampes
Belles ép.

49 **Gillot** (C.). Fêtes aux Dieux. Suite de quatre
estampes. Belles ép. avec marges.

50 — L'Education et les obsèques des satyres. 2 p
Belles ép.

51 — Petits costumes d'arlequins et pierrots. 10 p.

52 **Goltzius** (H.). Assemblée de gentilshommes et
de dames vénitiennes assistant à une fête de noce.
Grande pièce.

53 **Goltzius** (Ecole de). Sujets mythologiques; les
Vierges folles; sujets de costumes. 12 p.

54 **Goltzius, Saenredam, Muller et Sadeler**. Sujets de mythologie; David en prière. 6 p.

55 **Hollar** (W.). Les Quatre Saisons représentées
par quatre figures de femmes. 4 p. Très-belles ép.

56 — Marie-Stuart, comtesse de Portland. Belle ép.
avec l'adresse de Meyssens.

57 **Isabey**. Intérieur de la chambre du duc de Bor-
deaux, lithographié en 1825. Belle ép. sur chine.

58 **Lacour**. Antiquités bordelaises, sarcophages
trouvés à Saint-Médard d'Evran. publiés par
MM. Lacour en 1806. 6 pl.

59 **La Hyre** (L. de). Repos en Égypte. R. D. 3;
l'Enfant Jésus écrasant le serpent. 4, 1er état,
avant l'adresse ; la Vierge et l'Enfant Jésus servis
par des anges. 5 ; la Sainte Famille à la palme.
4 p. Belles ép.

60 **Lepautre.** Triomphe médaillique à la mémoire
de messire Charles, marquis de Rostaing, par
Lepautre.

61 **Le Vasseur.** La mort d'Adonis, d'ap. Boucher,
Mars et Vénus, d'ap. Vanloo. 2 p. faisant pendant.
Belles ép. avec marges.

62 **Maratte** (C.). La Naissance de la Vierge ; la
Visitation ; Sainte Famille. 3 p. Belles ép.

63 **Meryon.** Présentation du Valère-Maxime à
Louis XI, d'après un dessin du temps. Eau-forte
inédite.

64 **Morghen** (R.). Portrait de Mme Fulger. Belle
ép. avec marge.

65 **Nether.** Têtes d'hommes et griffonnements.
21 p. tirées sur 8 feuilles. Belles ép.

66 **Norblin.** Son œuvre en 78 p. montées sur
9 feuilles de papier in-fol. Très-belles et anciennes ép.

67 **Ostade** (Adr. Van). Son œuvre gravé à l'eau-
forte. 55 p.

68 **Oudry** (D'ap.). Sujets pour les fables de Lafon-
taine. 52 p. dont 26 avant la lettre, 10 eaux-fortes
et 16 avec la lettre.

69 **Ozanne** (D'ap.). Ports de France, gravé par
Legouez. Suite de 34 p.

70 **Ozanne** (Mlles). Petites vues de Paris. 6 p.

71 **Palavicino.** Costumes vénitiens du xvie siècle.
48 p.

72 **Parmesan, Nevay** et autres Sujets et portraits gravés à l'eau-forte. 19 p.

73 **Perelle.** Un portefeuille contenant 150 paysages, montés et classés sur 56 feuilles de papier.
Très-belles et anciennes ép.

74 **Picart** (B.). Premier des magnifiques carrosses
de M. le duc d'Ossuna, ambassadeur d'Espagne à
Utrecht en 1713. 7 p. Recueil très-riche d'ornementation. Belles ép. avec toutes marges. Rare

75 — Monument consacré à la postérité, en mémoire
de la folie incroyable de la XXe année du xviiie siècle, par Herliberger; rue Quinquempoix en 1720,
d'ap. Humblot. 2 p.

76 — Suite de six estampes dans des encadrements,
pour l'illustration du *Lutrin* de Boileau; in-4.

77 — Culs-de-lampes, petits sujets et frontispices de
livres. 31 p.

78 — Frontispices de livres, cérémonies religieuses, etc. 38 p.

79 — Cérémonies religieuses. 39 p.

80 **Pitteri.** Différentes études, suite de 24 pièces
en doubles épreuves, au trait et terminées; plus
le portrait de l'auteur et des culs-de-lampes. En
tout 55 p.

81 **Plonski** (M.). Sujets d'après Rembrandt, animaux et différents griffonnements. 27 p. anciennes ép.

82 **Rembrandt**. L'Ange qui disparaît à la famille de Tobie ; Abraham et Agar ; Retour de l'enfant prodigue ; Saint Jérôme en prière ; Musiciens ambulants ; Portrait de la mère de Rembrandt. 6 p. anciennes ép.

83 — Portraits de Rembrandt avec l'écharpe autour du cou ; Jean Lutma, Cl. de Jonghe et Silvius. 4 p., anciennes ép.

84 **Rembrandt** (D'ap.). Bourgmestre Six, Coppenol, têtes de vieillards, etc. 12 p.

85 **Rubens** et **Jordaens** (D'ap.). Suzanne et les Vieillards ; Saint Michel ; Christ mort ; le Roi boit, etc. 11 p., par Pontius et Vosterman.

85 bis **Rubens**. Compositions, d'ap. ses tableaux. 18 p.

86 **Ruysdaël**, **Both** et autres. Paysages. 12 p. anciennes ép.

87 **Sadeler** (Les). Sujets de l'Ancien et du Nouveau-Testament. 113 p.

88 **Saint-Aubin** (De G.). Allégorie sur la guérison de Mgr. le Dauphin. Très-belle ép.

89 **Saint-Non** et autres. Paysages. 14 p.

90 **Simonneau**. Allégories des Arts. 8 p , d'après Jouvenet et Corneille.

91 **Swanewelt** et autres. Paysages. 16 p.

92 **Tiepolo** (J.-B). Caprices. 10 p.

93 **Uliet** (Jean Van). Gueux et Mendiants. 8 p. Belles ép.

94 — Portrait d'homme en costume du xvi⁰ siècle, dans le goût du travail de Goltzius.

95 — Portrait de Ignace de Loyola, gravé sur bois, du xvi⁰ siècle.

96 — Portraits : père Morel, Louis XIV, Raynal, etc. 20 p.

97 — Antiche opere in plastica discoperte, raccolte, e dichiarate dal marchese G. Pietro Campana Romano. *Roma*, 1851. 3 parties avec appendice contenant 120 p. lithographiées et texte en 2 volumes in-fol., cart.

Cet ouvrage n'a jamais été mis dans le commerce.

98 This series of sketches of the intérior et temporary decorations in Woolley-Hall, yorkshire, by A. Aglio. 28 p. et le portrait de l'auteur, lithographiées

ŒUVRE DE SÉBASTIEN LECLERC

99 Son œuvre en 3,072 pièces, dont beaucoup de
doubles, avec différences d'états, montées sur 597
feuilles de papier blanc et classées suivant la description du Catalogue *Jombert*.

Cet œuvre, l'un des plus complets qui aient été
formés jusqu'à ce jour, renferme un grand nombre de pièces rares et avant la lettre. On y remarque particulièrement :

Le portrait de Sébastien Leclerc, par Cl. Duflos,
1er et 2e états. La Chapelle de Sainte-Catherine, à
Stockholm, n° 6 ; Portrait du maréchal de La
Ferté, 58 ; la Grande destruction de Lustucru, 68 ;
divers états et conditions de la vie humaine, suite
de 20 p., costumes du temps de Louis XIV, 70 ;
les Tireurs de Nantes à l'arquebuse, 86 ; devises
pour les Tapisseries du roi, 88, suite de 33 p. ;
Louis XIV et Colbert visitant le Jardin d'histoire
naturelle, 101 ; Mausolée du chancelier Seguier,
105 ; Livre de paysages en 12 pl., dédiés à M. de
Beringhen, 107 ; représentation des machines qui
ont servi à élever les deux grandes pierres du
fronton du Louvre, 132, épreuve avant la lettre ;
divers dessins de figures. 149, suite de 23 p.
avec plusieurs doubles avant les n°s ; divers dessins de figures. 150, suite de 30 p., 2 suites dont
une de la 1re édition avant les n°s : Conversations,
par Mlle de Scudéry, 4 p., 165 ; Fables d'Esope,
170, suite de 23 p., avant les n°s ; Monnaies et
médailles historiques, 176, suite de 148 p. ; le Mai

des Gobelins, 191. Trois épreuves : 1re avant la Femme devant le carrosse ; 2e avec l'adresse de l'auteur et de Gantrel ; 3e avec l'adresse aux Gobelins ; Allégorie à la louange de Louis XIV, 195, quatre épreuves différentes ; les Figures à la mode, 205, suite de 21 p. avant les n^{os} ; l'Invocation à l'imitation des Saints, 211, suite de 379 p. ; les Grandes Conquêtes du roi, 212, suite de 28 p. ; la Vie des Saints, 222, suite de 64 p. ; Esther, 224, trois épreuves différentes ; l'Apothéose d'Isis, 236. Les cinq états différents décrits, dont trois avant la lettre ; la petite Vénus, 235, deux épreuves avec six copies. Très-rare. Vues de plusieurs endroits des faubourgs de Paris, 244, suite de 12 p. ; le *Puer parvulus*, ou le Passage d'Issaye, 245. Cinq états différents, dont deux avant la lettre ; Siége de Mons, 246 ; la Forteresse de Montmélian, 247 ; Cérémonie de la prestation de serment de fidélité entre les mains du roi ; la Multiplication des pains, 251 ; la Galerie de l'Hôtel royal des Gobelins, 1er état avant les statues ombrées, les batailles d'Alexandre, 257, suite de 6 p. en 1er et 2e états, et le sujet : *la Vertu surmonte tout obstacle*, avant la lettre ; paysages dédiés à monseigneur le duc de Bourgogne, 258, suite de 61 p. ; deux vignettes pour l'Histoire de l'abbé Genest, 260, deux états différents ; catafalque de Charles XI, roi de Suède, 261, deux épreuves avant et avec la lettre ; Allégorie sur le mariage du duc de Bourgogne, 262, deux épreuves avant la lettre ; l'Académie des Sciences, 263, trois épreuves : 1re avant la lettre et avant les plantes marines, provenant de la collection A. *Borduge* ; 2e avec la lettre, mais avant les mots : *Chevalier R.* après le nom de Leclerc ; 3ᵉ avec ces mots ajoutés, plus une copie par Cochin ; deux plafonds pour un hôtel bâti à Stockholm, 268 ; médailles sur les principaux événements du règne de Louis XIV, 280 ; Guérison d'Hippolyte, 281 ; deux épreuves, dont une sans le soubassement ; l'Entrée d'Alexandre dans Babylone, 285, deux épreuves : 1ʳᵉ où la tête d'Alexandre est vue de profil ; 2ᵉ avec la tête vue de face ; plus deux copies par Cochin ; quatre petites Muses, 292 ; divers habillements des anciens Grecs et Romains, 291, suite de 25 p. ; le prophète Elie, quatre épreuves, do t une du 1ᵉʳ état ; la Grande procession des chevaliers de l'Ordre du Saint-Esprit, 304 ; l'Histoire de l'Amour et de Psyché, 307, suite de 4 p., deux suites, dont une avant la lettre ; le Cabinet de M. Leclerc, 310 ; grand nombre de pièces sur l'histoire naturelle, etc., etc.

PHOTOGRAPHIES

100 JÉRUSALEM. Etude et reproduction photographique des monuments de la ville sainte, depuis l'époque judaïque jusqu'à nos jours, par Auguste Salzmann. *Paris, Gides et Baudry, 1856,* avec 185 pl. grand in-fol. renfermées dans deux portefeuilles.

101 Vues des principaux monuments de Venise. 20 grandes p.

102 Vues des principaux palais de Florence, Le Baptistère. Antiquités de Rome. 29 p.

103 Compositions d'après les tableaux des grands maîtres. 40 p.

Pièces historiques, Scènes de Mœurs, Topographie sur Paris, Vues de Villes, Monuments et Châteaux de France.

PIÈCES HISTORIQUES

103 bis Généalogie des reines de France, depuis Argotte, femme de Pharamond à Marie-Thérèse, grande pièce en travers. Rare.

104 **Gautier** (L.). Les vrais portraits des rois de France, depuis Pharamond à Louis XIII. 64 p. Très-belles ép.

105 **Perissin.** Siége de Poitiers en 1569. Défaite de Saint-Gilles en Languedoc, en 1562. Bataille de Dreux en la même année; 3 p. intéressantes pour l'histoire de France.

106 Entrevue de François Ier et de Charles V, d'après la peinture du palais de Caprarole.

107 Henri IV touchant les écrouelles, par Fireus. Belles ép.

108 Assassinat de Henri IV, pièce gravée du temps. Rare et curieuse.

109 Assassinat de Henri IV. Massacre des Huguenots, jour de la Saint-Barthélemy. 2 p.

110 Statue en bronze représentant Henri IV, en guerrier romain, érigée à Saint-Jean-de-Latran, en 1608, par Lemercier. Rare.

111 Couronnement de Louis XIII, d'après F. Quesnel, gravé par Th. de Leu. Très-belle ép., rare.

112 Plan du siége d'Arras, pris par les armées du roi de France, le 10 août 1640. Sur la porte d'un arc de triomphe est cette devise : *Quant le rats prendront les chats, les Français prendront Arras. A Amsterdam, chez Corneille Danckerts.* Avec texte en français et hollandais. Rare.

113 Siéges de Breda, La Rochelle et l'Ille de Rhé, par Callot. Bataille de Rocroy, etc. 35 p.

114 Almanach pour l'année 1660. Le sujet représente l'entrevue de Louis XIV et Marie-Thérèse. A Paris, chez N. de Poilly.

115 Disposition de la milice de Paris, lorsqu'elle parut devant leurs majestés, entre le bois de Vincennes et ladite ville, le 23ᵉ du mois d'août de l'année 1660, trois jours avant l'entrée. *F. Flaman sculpsit.*

116 La triomphante entrée du roi et de la reine dans Paris, le 26 août 1660, grande pièce en 4 feuilles, par Lepautre.

117 Entrée solennelle à Paris du roi et de la reine de France, le 26 août 1660. Grande pièce obl.

118 Sacre de Louis XIV. 3 grandes pièces gravées par Lepautre.

19 Louis XIV renouvelant le vœu de Louis XIII, gravé par Lepautre.

120 Allégories sur la naissance de Monseigneur le duc de Bourgogne, en 1682. 3 grandes p.

121 Plan et vue du feu d'artifice, tiré à Paris, sur la rivière, le 21 janvier 1730, au sujet de la naissance de
Monseigneur le Dauphin, par les soins des ambassadeurs d'Espagne. *Servandoni inv. et del.*

122 Pyramides, arcs de triomphes et feux d'artifices
sous Louis XIV. 9 p , par de Beaulieu et Lebrun.

123 Bataille de Rocroy, en 1643, commandée par M. le
duc d'Enghien, en haut est son portrait; gravé en
en 4 feuilles, par Colignon.

124 Bataille de la Marsaglie en Piémont, en 1693, commandée par le maréchal de Catinat ; gravé en
4 feuilles, par Lepautre.

125 Conquêtes de Louis XIV, par Séb. Leclerc. 23 p.

126 Conquêtes de Louis XIV, par Baulieu. 22 p.

127 Caricatures et figures satiriques sur les conquêtes
et le règne de Louis XIV, la succession d'Espagne
et les Hollandais. 90 p. gravées en Hollande.

128 Fêtes données par la ville de Paris à l'occasion des
mariages des princes de France. Pompe funèbre
d'Elisabeth de Lorraine, reine de Sardaigne.
Mausolée pour le service de la reine de France à
Saint-Germain-des-Prés. 10 p.

129 Tombeau de Turenne, gravé par Trouvain.

130 Le vray pourtraict de l'autel de la Vierge de l'église
Nostre-Dame de Paris. Sur le maître-autel son
représentés Louis XIII et Anne d'Autriche en
adoration, auxquels il est consacré; de chaque
côté, des hommes et des femmes dans l'attitude
de la prière. *A Paris, chez Balthazar Moncornet.*
Rare.

131 La magnifique procession de la châsse de Sainte-
Geneviève, patronne de Paris, faite le xie juin
1652, pour la paix. *A Paris, chez Boissevin.*

132 Procession de la châsse de Sainte-Geneviève à
Notre-Dame, en 1679, par Lepautre.

133 Représentation de la procession de la chasse de
Sainte-Geneviève, patronne de Paris, à l'église
Notre-Dame, en 1706, pour demander grâce d'un
heureux accouchement de Mme la duchesse de
Bourgogne. Au-dessous est un mandement de monseigneur le cardinal de Noailles (en français et en
hollandais) qui ordonne cette procession.

134 Dessin d'une chapelle royale, en pyramide, pour
être élevée au milieu du Louvre.

135 Satire sur les religieux de Port-Royal-des-Champs.
Rare.

136 Vie très-croyable des Moines. Pièce facétieuse sur
les moines, contenant douze vers dans la marge
du bas. *N. Walkcheim inv. et sculp.*

137 Expulsion des Jésuites, des États du roi d'Espagne,
de Naples et des duchés de Parme; leurs ordres
proscrits en France et en Portugal. Au-dessous
sont trois quatrains.

138 Pièces relatives aux Jésuites, etc. 10 p.

139 L'orgueil ecclésiastique confondu par le Parlement.
Miracles au tombeau du diacre Parris, dans le ci-
metière de Saint-Médard. Estampe du tableau,
trouvé dans l'église des Jésuites de Billom. Appli-
cation morale des quatorze propriétés de la co-
lombe à la religieuse Bénédictine. La glorieuse entrée du nonce à Paris, au mois d'août 1732. 5 p.

140 Décorations pour la pompe funèbre de Anne d'Autriche. 3 p. par A. Benoist.

141 Pompe funèbre de Marie Thérèse d'Espagne, dauphine de France, en l'église Notre-Dame, le 24 no-
vembre 1746, gravé par Cochin, d'ap. Slodtz.
Mausolée fait pour le service de la reine, dans
l'église de Saint-Germain-des-Prez, le 15 septembre
1683, par J. Marot. 2 p.

142 Abbayes de Saint-Denis, Clairvaux, la Chartreuse
du Val-Dieu et la Trappe. 8 p.

143 Première attaque et prise de la Bastille. Les chevaliers du poignard désarmés. Le tiers-état. Exécution de Louis XVI. 4 p.

144 Sujets des principales journées de la révolution
française, d'ap. Monnet. 15 p. gravées par Helman.
Très-belles ép. avant la lettre avec toutes marges.
Rare en cet état.

145 Arrestation de Louis XVI à Varennes. La reine
traînée en prison. Séparation de la famille royale.
La famille royale au Temple. Le dauphin arraché
des bras de sa mère. Procès de Marie-Antoinette.
6 p. publiées eu Angleterre.

146 Séparation de Louis XVI et de sa famille, grande
pièce gravée par Tomkins.

147 Séparation de Louis XVI et de sa famille. Exécution
de Louis XVI. 2 p.

148 Bonaparte à Saint-Cloud, le xviii Brumaire, an viii.
Grande pièce.

149 Entrée de M. Blanchard et du chevalier Lepinard,
cinq jours après leur ascension aérostatique, dans
la ville de Lille, le 26 août 1785, dessiné par
L. Watteau, et gravé par Helman.

150 Les caprices de la goutte, ballet arthritique. Cari-
cature sur la goutte.

SCÈNES DE MŒURS

151 Le baladin mondain. La mort montrant son sablier
à un capitaine. 2 p. gravées par L. Gautier.

152 Portraits de belles femmes du temps de Louis XIII.
Mariette exc. 16 p.

153 La veuve, joli costume de femme du temps de
Louis XIII.

154 La guerre aux escus. *Michel Van Lochon excu.*

155 Dame faisant faire son portrait, par Rousselet.
Jeune homme jouant du luth, et la couturière, par
M. Lasne. 3 p. Sujets de costumes Louis XIII.

156 L'espousée du village. Jeune femme jouant du luth
devant son amant. Les musiciens ambulants. *Aug.
Quesnel exc.* 3 p. Sujets de mœurs du temps de
Louis XIII.

157 Exercices pour monter à cheval, par M. de Plu-
vinel. 15 p.

158 Décoration des noces de Télis. Ballet royal, repré-
senté en la salle du Petit-Bourbon, par J. Torelli,
en 1654, gravé par F. Silvestre. 207, suite de 11 p.
très-rares ; nous n'en possédons que neuf.

159 Décorations pour la tragédie d'Andromaque. 5 p.
gravées par Chauveau.

160 — Décorations et fêtes faites en l'honneur de
monseigneur le Dauphin. 6 p. gravées par G. Gri-
maldi, dit le Bolognèse, inconnues à Bartsch. Rare.

161 Homme et femme de qualité, en costumes Louis XIV,
dessiné par de Saint-Jean. 2 p.

162 Costumes pour les cérémonies du sacre de Louis XV. 9 p. avant la lettre.

163 Cérémonies de l'assemblée des Francs-Maçons. 7 p.

164 Cabaret de monsieur et madame Ramponeau. 2 pièces avec une chansonnette et leurs portraits au-dessous. Rares.

165 Le véritable portrait de Cartouche, arrêté le 6 janvier 1721. Rare.

166 Décorations intérieures d'une salle de théâtre, avec personnages en costumes Louis XVI. 2 p. gravées par Berthault.

167 **Marot** (D.). Représentation de la grande fête de S. A. R. madame la princesse d'Orange, célébrée en décembre 1686, dans le salon du bois de La Haye, à l'honneur du jour de la naissance de monseigneur le prince d'Orange. Très-belle pièce gravée en deux feuilles, fort riche en décorations et costumes.

168 — La grande salle d'audience où les seigneurs des états-généraux des Provinces-Unies reçoivent les ambassadeurs à La Haye. Belles ép.

TOPOGRAPHIE

169 **Silvestre** (Israël). Vue du palais et des jardins des Tuilleries. Vue des jardins du palais des Tuilleries. 2 grandes p.

170 — Le Grand-Châtelet de Paris, 51. Vue de la porte Saint-Denis, 84. Vue du Pont-Neuf et de l'Isle du palais à Paris, 52. 3 p.

171 — Vue de la maison et jardin de monseigneur le grand-prieur du Temple. Vue du quai des Augustins et du pont Saint-Michel, 54. 2 p. Belles ép. avec toutes marges.

172 —. Chasteau de la Bastille, hors la porte Saint-Antoine, 51. Chasteau de la Bastille du costé de la rue Saint-Antoine, 82. 2 p.

173 — Vue de la maison de Saint-Ouen, appartenant à M. de Boiffrant, 296.

174 —. Vues du Château de Fontainebleau, du côté du grand canal. Vue de l'estang de Fontainebleau, 216. 2 grandes p.

175 — Vue du chasteau de Chambord, 184.

176 — Chasteau royal de Versailles, vue de l'avant-cour, 317. Vue de la grotte de Meudon, 250. Vue du chasteau de Marimont, 242. 3 grandes p.

176 bis. — Vue du château et jardins de Vaux-le-Vicomte, 311. 8 grandes p.

177 — Profil de la ville de Stenay, 287. Profil de la ville de Marsal, 252. 2 grandes p. avec toutes marges.

VUES DE PARIS

178 Principaux monuments et hôtels particuliers de Paris. Suite de 12 pl. coloriées à l'aquarelle, par Prieur : Hôtel de Temney, rue du Provence ; Théâtre des Variétés ; Maison de M. Defoy ; Hôtel de Sallm ; Hôtel de Telusson, etc. Ces monuments ont été faits par MM. Brogniard, Ledoux, Rousseau et Van Cléemputte, architectes.

179 L'admirable dessein de la porte et place de France, avec ses rues, commencée à construire és marest du temple à Paris, durant le règne de Henry-le-Grand, 4ᵉ du nom, roy de France et de Navarre, l'an de grace 1610, par Claude Chastillon-Chaalonnois, au-dessous est une légende explicative. Très-belle ép., rare.

180 La perspective horizontale du jardin royal des plantes medecinales estably à Paris par Louis-le-Juste, roy de France et de Navarre, dessiné et gravé par A. Bosse, en 1641.

181 Perspective de la ville de Paris, par Mathieu Merian. Rare.

182 Perspective de la ville de Paris, avec le plan en 1620. In-fol. obl.

183 Autre perspective de la ville de Paris, avec le plan en 1654. In-fol. obl.

184 Petit plan de Paris, du temps de Louis XIV. 2 p.

185 Vues de la tour de Nesle et du Pont-Neuf, d'ap. Callot. 2 p.

186 Vues de Paris et de ses environs, par R. Zeeman. Suite de huit estampes (B. 55 à 62). Très-rare à rencontrer complète.

187 Vues des principaux monuments de Paris, par M. Mérian. 84 p.

188 Projet de la façade du Palais-Royal, du côté du jardin, dessiné par Louis, architecte du Palais-Royal.

189 Invalides. Différentes vues de l'Hôtel royal des Invalides, sous Louis XIV et Louis XV, par D. Marot, Aveline et autres. 38 p.

190 **Sainte Geneviève**. Vues intérieures et extérieures de la nouvelle église, d'ap. les dessins de Soufflot. 16 p.

191 **Place des Victoires**. Différentes vues par Nolin, Guérard, Aveline et autres. 10 p.

192 **Place Dauphine**. Intérieur de Notre-Dame, arc-de-triomphe et le pont Notre-Dame. 16 p. par J. Marot.

193 Plans et vues de la Sorbonne et de Sainte-Geneviève, par Marot et Chevotet. 18 p.

194 Vues du Palais-Royal, le Luxembourg, le Louvre et les Tuileries. 11 p.

195 Principaux monuments de Paris, par Aveline, Rigaud et autres. Coloriés.

196 Principaux monuments de Paris. 58 p.

197 Vues d'optique. 21 p.

198 Vues intérieures de Paris, prises du milieu du Pont-Royal, du port au Blé et du port Saint-Paul, dessinées en 1782, par le chevalier de l'Espinasse; plus une vue de la barrière des Champs-Elysées, gravée en couleur par Janinet.

199 Vues de Paris, par Courvoisier; Palais-de-Justice, par Desmaisons, architecte, etc. 11 p.

200 Vues de Paris, en couleurs, par Janinet. 24 p.

201 Projets d'hospices et des prisons de la ville de Paris. 45 dessins et calques.

202 Plans et projets relatifs à des monuments de la ville de Paris, au XVIIIe siècle. 14 p.

203 Projet de fontaine pour la place de la Bastille, composé par J. Alavoine. Le modèle de l'éléphant a été exécuté de la grandeur du monument.

VUES DE FRANCE

204 **Le Havre**. Vue de la ville et du port. 6 p.

205 **Lyon**. Plan de Lyon avec ses principaux monuments autour, par J. Rocque, en 1746; perspective de la place des Terreaux, où est représentée la façade de la maison de ville, par Pigout.

206 **Marly**. Pièces sur la machine. 7 p.

207 **Morlaix**. Manufacture royale du tabac, par Blondel, en 1736.

208 **Nantes**. Description de la renommée et ancienne ville de Nantes, grande pièce gravée en 4 feuilles avec description explicative en français et en latin. A Amsterdam, chez C. Danckerts, 1645.

209 **Rennes**. Vues et perspective de l'hôtel de ville et de la nouvelle place du palais de Rennes, 2 p. par Milcent.

210 **Reims**. Somptueux frontispice de Notre-Dame de Reims, ville du sacre, 1625, par N. Deson. Superbe ép.

211 — L'excellent frontispice de l'église de Saint-Nicoise de Reims, par N. Deson. Très-belle ép.

212 — Le magnifique portail de l'église Notre-Dame de Reims, par Edm. Moreau.

213 — Vues de la cathédrale, par Gentilliastre, 1713, et Scotin; et de l'hôtel de ville, par Moreau. 3 p.

214 — Entrée de Louis XVI à Reims, le 9 juin 1775, jour de son sacre. A Paris, chez Crépy, etc.

215 **Rouen**. Eglise de l'abbaye de Saint-Ouen, vue du côté du midi; perspective du dedans de l'église de Saint-Ouen. 2 p. dessinées par Toutain.

216 **Strasbourg**. Vue de la cathédrale, par Isaac Brunn, 1616.

217 — Fêtes données par la ville de Strasbourg, pour la convalescence du roi. 6 p. avant la lettre.

CHATEAUX DE FRANCE

218 Vues des châteaux de France, par Ducerceau, dont : Anet, Valleri, Ansy-le-Franc, Maune, Gaillon, Beauregard, Cousi, Charleval et Montargis. 16 p.

219 **Saint-Germain**. Portrait des châteaux royaux de Saint-Germain-en-Laye, dessiné par A. Francini, et gravé par Michel Lasne, en 2 pl.

220 **Fontainebleau**. Portrait de la maison royale de Fontainebleau, dessiné par A. Francini, et gravé par Michel Lasne.

221 — Portrait de la maison royale de Fontainebleau ; portrait des châteaux royaux de Saint-Germain-en-Laye. 2 p. imprimées sur la même feuille en réduction des 2 grandes pièces ci-dessus.

222 **Gaillon**. Plan du château et jardins, par Lerouge, en 1750.

223 **Madrid**. Vues du château, par Marot; Boisseau et L. Moreau. 5 p.

224 **Versailles**. Grand plan de la ville de Versailles, du château et de ses environs. 28 grands dessins destinés propablement à être gravés.

225 — Grande vue du château et des jardins de Versailles, par Dumas, et gravé en 6 feuilles, par Coquart, en 1712.

226 — Différentes vues du château, de la chapelle et
des jardins. 44 p.

227 — Vues des pièces d'eau et des bassins du jardin
royal. 32 p.

228 Vue de Meudon. Au verso est cette inscription
d'une ancienne écriture: *De la main du duc de
Bourgogne, Meudon, le 30 août 1695. Sylvestre,
son maître de dessin.*

229 Châteaux de Meudon, Fontainebleau, Saint-Cloud,
Clagny, Madrid. 8 p.

230 Châteaux de Saint-Cloud, Fontainebleau, Vincennes et Compiègne. 6 p.

231 Vue du château d'Anet, par Boisseau. Intérieur
d'église, par Hopfer. 2 p.

232 **Roma**. Nuova pianta et alzata, della cita di
Roma con tutte le strande, piazze et edifécie de
tempii, palazzi, giardini et altre fabbriche antiche e
moderne come si trovano al presente nel pontifi-
cato di N. S. Papa Innocentio XI, con le loro di-
chiarationi nomi et indice copiosissimo. Disegniata
et intagliata da Gio. Batista falda da valduggia et
date al publici da Gio Giacomo de Rossi dalle sue
stampe in Rome alla pace l'anno 1676. Beau plan
de Rome, en 9 feuilles.

233 Sous ce numéro, seront vendus plusieurs lots
d'estampes et vignettes non cataloguées.

DESSINS ANCIENS

234 Beauvarlet. Les Couseuses, d'après le Guide. Dessin à la sanguine qui a été exécuté pour la gravure.

235 Bella (Stefano Della). Marche de cavaliers. Dessin à la plume, lavé de bistre. Collection R. Dumesnil.

236 Beyer (J. de) **Pronck** et **Vander Vinne.** Vues de Hollande. Dix dessins à l'aquarelle et à l'encre de Chine.

237 Boilly (J.). La famille impériale de Napoléon Ier, à la Malmaison. Dessin de forme ronde à l'encre de Chine.

238 Boissieu (J.-J. de). Les grandes vaches. Croquis à la pierre noire.

239 Boitard (F.). Le triomphe de l'Amour. Dessin très-fini à la plume, lavé d'encre de Chine. Signé.

240 Bol (Hans). Paysage entouré de fleurs et d'oiseaux. A la plume. Signé et daté 1584.

241 Boucher (F.). Tête d'homme âgé. Beau dessin aux trois crayons.

242 Boucher (École de). Amours peignant, Amours faisant une guirlande de fleurs. Deux dessins à la sanguine, rehaussés de blanc.

243 Bulthuis et **Vinkeles.** Collection de 65 dessins à l'encre de Chine, représentant les principales scènes de la révolution française ; plus 27 gravures de ces dessins.

244 **Carême**. Sacrifice. A la plume, lavé de bistre.

245 **Casanova**. Sujets de cavalerie. Sept petits des-- sins à la sépia.

246 **Castillo**. Costumes espagnols. Joli dessin à l'encre de Chine, sur vélin.

247 **Champaigne** (Ph. de). Sainte-Barbe. A la san- guine.

248 **Chardin**. Porc mort écartelé. A la sanguine et au crayon noir sur papier bleu.

249 **Callot** et **Silvestre**. Marche de cavaliers et paysage. Trois dessins à la plume.

250 **Cochin** (C.-N.). Portrait de Dessaux, premier médecin de l'Hôtel-Dieu de Paris. Au crayon noir. Signé et daté 1788.

251 **Corneille** et **Lépicié**. Martyre de saint André. Buste d'homme. Deux dessins à la sanguine.

252 **Coypel** (Ant.). Moïse recevant les tables de la loi. Exquisse à l'huile.

253 **Decamps**. Trois études au crayon noir et à la plume.

254 **Delarue**. Vénus sur un char. Satyres et Bac- chantes. Deux dessins au bistre et à l'encre de Chine.

255 **De Marne**. Femmes et animaux dans un champ. Beau dessin à la pierre noire, lavé d'encre de Chine.

256 **Dost**. Vieille femme endormie. Beau dessin à la sépia.

257 **Doyen**. Étude de tête de femme. Beau dessin aux trois crayons, signé.

258 **Duplessis-Bertaux**. Le duc d'Angoulême visitant un poste de la garde nationale. Deux dessins à la plume.

259 **Duplessis-Bertaux** et **Swébach**. Manœuvres de soldats. Courses de chevaux. Deux dessins à la sanguine et à la plume.

260 **Dutailly**. Intérieur de salon de la fin du xviiie siècle. Joli dessin à l'aquarelle, signé et daté 1794.

261 **Van Dyck** (École de). La mère de douleurs. Portraits d'hommes. Cinq dessins à la plume et au crayon noir.

262 **Finard**. Lanciers polonais ; Marche de cavaliers. Trois petits dessins à l'aquarelle et à l'encre de Chine.

263 **Flinck** (G.). Enfant endormi. A la plume, lavé, signé et daté 1643.

264 **Fredou**. Portrait de Louis XVI, fait à Versailles, d'après nature, le 22 septembre 1788. Aux trois crayons.

265 **Goyen** (J. Van). Marines. Deux grands dessins à l'aquarelle.

266 **Gravelot**. Frontispice de livre sur la musique. Joli dessin à l'encre de Chine.

267 **Guerchin** (le). Têtes d'hommes et études d'arbres. Cinq dessins à la sépia.

268 **Hallé** (Ch.). Compositions pour illustration d'un livre. Six jolis dessins à la sanguine, signés.

279 **Hackert** (Ph.) et **Landsdorff**. Paysage, effet du soir. Dessinateur dans un paysage. Vue d'une partie du Prater, près de Vienne. Trois dessins à l'encre de Chine.

270 **Houel**. Femme sur un mulet, précédée d'un homme et d'un cheval. Au crayon noir

271 **Hubert-Robert**. Temple antique; vue de la Villa Madame. Deux dessins à la plume, lavés de bistre et d'encre de Chine.

272 — Ruines, au bas est une femme près d'un puits. A la sanguine. Signé et daté 1767.

273 — Voûte sous laquelle est un cheval et deux hommes; à droite, une femme avec deux enfants. A la sanguine. Signé et daté 1759.

274 — Escaliers avec une voûte. A la sanguine.

275 — Parc avec fontaine et escaliers. A la sanguine.

276 — Ruines antiques. A la sanguine.

277 — Intérieurs de parcs. Quatre contre-épreuves de dessins.

278 — Ruines et parcs. Cinq contre-épreuves de dessins.

279 **Ingouf**. La Corruption des hommes. A la plume, lavé de bistre. Signé et daté 1770.

280 **Lagrenée**. Repos en Egypte. A la plume, lavé de bistre. Signé.

281 **Lancret** (N.). Etudes de femmes. Joli dessin à la sanguine.

282 **Le Brun** (Ch.). Tête d'homme et différentes études. Six dessins à la sanguine et au crayon noir.

283 **Lépicié** (B.). Etude d'homme assis. A la pierre noire, lavé à l'encre de Chine. Signé.

284 **Le Prince** (J.-B.). Apprêts pour un sacrifice. Composition d'un grand nombre de figures. Très-beau dessin à la plume, lavé de sépia. Signé.

285 — Vue d'un clocher de village sur le bord d'une rivière animée par plusieurs bateaux. Charmant dessin au bistre. Signé et daté 1777.

286 — Etudes d'hommes, femmes et enfants. Deux dessins à la pierre noire.

287 **Le Roy** (Séb.). Vingt-six petits dessins à la plume, lavés d'encre de Chine, pour illustrations.

288 **Londonio**. Etudes d'animaux et d'hommes. Cinq dessins au crayon noir rehaussé.

289 **Mallet**. Portrait de jeune femme. A l'aquarelle.

290 **Marillier**. Petits médaillons de Louis XVI et de Marie-Antoinette enfants, soutenus par deux jeunes filles. Deux charmants dessins de forme ronde, à la mine de plomb.

291 **Menageot**. Costumes de femmes pour opéra. Deux dessins sur la même feuille, à l'aquarelle.

292 **Monnet**. Scènes d'intérieurs de l'époque de Louis XVI. Deux dessins à l'encre de Chine.

293 **Moreau**. Offrande. A la plume, lavé d'aquarelle.

294 **Ommeganck** et **Denon**. Etudes de bœufs; portrait d'homme. Deux dessins au crayon noir et au bistre.

295 **Ostade** (Isaac). Intérieur de paysans hollandais. Beau dessin à la plume, lavé d'encre de Chine. Collection T. Dimsdale.

296 **Palamèdes**. Homme assis coiffé d'un chapeau. A la sépia.

297 **Philippe le Napolitain**. Trois dessins à la plume.

298 **Platte Montagne** (N.). Portraits de François Baudin, Pierre Hurel et Françoise Champaigne. Trois dessins aux trois crayons.

299 **Portail.** Jeune homme jouant du violon. Charmant dessin à la sanguine et au crayon noir.

300 **Portail, J. Vernet** et **Plonski.** Différentes
études. Cinq dessins.

301 **Poussin** (N.). L'Annonciation. Deux compositions différentes. A la plume, lavé.

302 **Raoux** (J.) Le Concert. Joli dessin à l'encre de
Chine.

303 **Rembrandt.** Lion couché. Beau dessin à la
sépia.

304 — Lions couchés. Deux dessins à la plume.

305 — L'Ecce Homo. A la plume, lavé.

306 — Aveugle assis. A la sépia.

307 — **Rigaud** (H.). Portrait de magistrat, décoré
de la croix du Saint-Esprit. Beau dessin au crayon
noir rehaussé de blanc.

308 **Roos** (J.-H.). Troupeau de bœufs. Beau dessin à
la sanguine.

309 — Troupeaux de moutons. Deux beaux dessins à
la sanguine.

310 — Bélier et moutons. Beau dessin à la pierre noire.
Signé et daté 1682.

311 **Scheneau.** Composition de quatre personnages
dont deux jeunes amoureux qui s'embrassent.
Charmant dessin à la sanguine et à l'encre de
Chine.

312 **Scott.** Marines, vues de Hollande. Cinq dessins à
l'encre de Chine.

313 **Taurel** (E.), graveur. Jeune femme en costume
du XVIe siècle. Joli dessin à l'encre de Chine.
Signé et daté 1845.

314 **Terburg** (G.). Jeune homme assis. Beau dessin
à la pierre noire.

315 **Tibaldi** (P.). L'Ascension du Christ. Beau dessin au crayon noir. Provenant de la collection
T. Lawrence.

316 — L'Ange arrêtant Abraham. A la plume, lavé
d'encre de Chine. Collection T. Lawrence.

317 **Tiepolo**. Etudes de figures : Caprices. Deux
beaux dessins au bistre et à l'encre de Chine.

318 **Tintoretto** (J. Robusti, detto Il). Homme cruci-
fiée. Beau croquis à la pierre noire. Collection
T. Lawrence.

319 — **Trinquesse**. Jeune femme pinçant de la
guitare. A la sanguine. Signé et daté 1779.

320 — Jeune femme assise. A la sanguine. Signé et
daté 1780.

321 — Jeune femme endormie sur son lit. A la sanguine. Signé et daté 1780.

322 — Etudes de femmes. Quatre dessins à la sanguine.

323 Etudes de femmes couchées et assises. Quatre
dessins à la sanguine.

324 **Uyttenbogaardt** et **Vander Wall**. Etudes
de moutons, animaux au pâturage. Deux dessins
à la pierre noire et à l'encre de Chine.

325 **Van Velde** (W.). Marine. A l'encre de Chine.

326 **Van Stry** (J.). Homme lisant. Beau dessin à
l'encre de Chine. Signé.

327 **Vasari**. Sujet de plafond. A la plume, lavé de
bistre.

328 **Vernet** (C.). Les Incroyables au Pérou. Dessin à l'encre de Chine, connu par la gravure de Tresca.

329 **Vernet** (H.). Costume de merveilleuse. A l'encre de Chine.

330 **Vinci** (Leonardo da). Tête d'homme de profil. Beau dessin à la plume, passé au carreau.

331 **Zurbaran**. Religieux à genoux aux pieds d'un cardinal. Beau dessin au bistre. Collection Richardson.

DESSINS D'ARCHITECTURE ET D'ORNEMENTATION

332 **Baglione** (C.). Décoration intérieure de monastère. Beau dessin à la plume, lavé de bistre. Collections Richardson et T. Lawrence.

333 **Bianconi** et **Sartori**. Vase et mascaron. Deux jolis dessins à la sanguine.

334 **Castiglione**. Vases. Quatre dessins à la plume, lavés.

335 **École allemande**. Décorations pour vitraux. Quatre dessins à la plume, lavés.

336 **Fontana** et autres. Façade de monument, plafond, chapelle, panneau et fronton. Cinq dessins à la plume, lavés d'encre de Chine et de bistre.

337 **Granet**. Portion du Colisée. A la sépia.

338 **Kirchmayer** (Michel). Cartouches ornementés avec costumes de guerriers du XVIᵉ siècle. Onze dessins à la plume.

339 — Cartouches, mascarons, médaillons, cheminées, etc. Quarante-neuf dessins à la plume, plusieurs sont lavés à l'encre de Chine.

340 — Modèles de vases et d'orfévrerie du XVIe siècle. Seize dessins à la plume, lavés d'encre de Chine.

341 **Metelli**. Décorations pour panneaux, avec figurés. Deux dessins à l'aquarelle.

342 — Panneaux, plafonds, corniches et autres motifs. Quatorze dessins à la plume, lavés.

343 **Normand** (H.). Détail du plafond de la galerie de Henri II, au château de Fontaibleau. Charmant dessin à l'aquarelle rehaussé d'or. Signé et daté 1843. — Porte conduisant du vestibule de la chapelle à la galerie de François Ier. Dessiné et lavé à l'encre de Chine, par Gounodt, en 1834. Deux dessins.

344 **Pelizo** (Gio). Décoration architecturale. A la plume, lavé d'encre de Chine et de bistre. Signé et daté 1735.

345 **Piranesi**. Frontispice pour le plan intitulé : *Piante di Roma delineata da Gio Batta Rioli dedicata al Eminentissimo cardinali Albani*. On y remarque la vue du Vatican et de la Colonne Saint-Pierre. Grand dessin à la plume, lavé.

346 **Ranson**. Cadres pour cheminées ornés de guirlandes de fleurs. Deux jolis dessins à la plume, lavés d'encre de Chine.

347 **Silvestre** (Genre de). Vue du Vatican. A la plume, lavé.

348 **Tesi** (Mauro). Décorations pour panneaux et plafond. Trois dessins à la plume, lavés de bistre.

349 **Tibaldi** (P.). Façade de monument. Beau dessin
à la plume, lavé de bistre.

350 — Palais Farnèse à Rome; Bergame; Palerme;
Couvent des Capucins, pont et place du Pô, à
Turin; Cagliari; Vallée d'Aosta; vue prise de la
Terrasse, à Nice; Pont-Royal, à Gênes. Dix petits
dessins à la sépia et à l'encre de Chine.

351 — Vues d'Aosta, quatre différentes; église nouvelle de Saint-Ferdinand, à Naples; Éruption du
Vésuve; Théâtre de la Villa Taormine, en Sicile;
Place d'Orléans, à Palerme; Palais Doria et Pont
de Carignan, à Gênes; Place Saint-André, à Mantoue. Onze petits dessins à la sépia et à l'encre de
Chine.

352 — Deux petits dessins d'arabesques à l'aquarelle,
d'après les fresques de Pompéi.

353 — Collection de trente-deux petits dessins très-
finement exécutés à la mine de plomb, pour l'illustration du discours sur le songe de Pholiphile.

354 — Vue de l'Arco di Giano, par Barbazza; dessins
de fontaines; Temple d'Esculape, à Pompéi; Marine, par Coiny. Huit dessins à l'aquarelle.

355 — Différents dessins d'architecture et d'ornementation. 25 p.

356 — Un lot de dix-sept dessins, plans de Rome et
de ses jardins; Vue du Vatican, etc.

DESSINS DIVERS

357 **École française**. Cinq dessins par le Bour-
guignon, Lafage et La Hyre.

358 — Douze dessins, par Vander Meulen, Lafage,
Scheneau et Silvestre.

359 — Quinze dessins, par Roëtiers, N. Poilly, Boichot,
Hue, Peyron, etc.

360 — Quinze dessins, par Pierre, N. Poilly, Mellan,
Hallé, Loir et autres.

361 — Costumes de danseuses d'opéra sous Louis XVI.
Quatorze dessins à la plume, coloriés et à la sépia.

362 — Quatorze dessins, par Séb. Leclerc, M. Corneille, Bouchardon, Le Prince, etc.

363 — Costumes pour ballets d'opéra. Douze dessins
à la plume et à la sanguine.

364 **École hollandaise**. Six dessins, par Vander
Cabel, Van Blomen et Paul Bril.

365 — Neuf dessins, par Both, Van Uden, Beyer, etc.

366 — Sept dessins, par G. de Crayer, Diepenbeke,
Verdussen, etc.

367 — Vingt dessins, d'après Wouwermans, Rembrandt, Van Dyck, etc.

368 — Six dessins, par Waterloo, etc.

369 **École italienne**. La Patience, représentée par
une femme assise. Joli dessin à l'aquarelle.

370 — Six dessins. par Ligozzi, L. Carrache, Zuccharo, Primatice et Tintoretto.

371 — Huit dessins, par Guido Réni, Zuccharo, L. Carrache, etc.

372 — Huit dessins; par Lucas Giordano, Pietro da Cortone, Castiglione, etc.

373 — Neuf dessins, par Tiepolo, Cigoli, Salvator Rosa, etc.

374 — Douze dessins, par Zuccharo, C. Maratte, Guerchin, Cambiasi, etc.

375 — Douze dessins, par Canaletti, Tiepolo, Tempesta, Polidore, etc.

376 — Quatorze dessins, par J. Palma, le Bolognèse, Guerchin et Brunetti.

377 — Six dessins, par Vasari, Cambiasi, Salvator Rosa et J. Palma.

378 — Un lot de trente-six études à la plume, d'après Raphaël, par A. Imbert, en 1807.

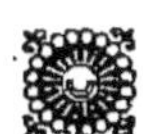

Renou et Maulde, imprimeurs de la Compagnie des Commissaires-Priseurs, rue de Rivoli, 144.   31150

www.ingramcontent.com/pod-product-compliance
Lightning Source LLC
LaVergne TN
LVHW010443060726
842527LV00005B/1660